AF390275

LE GRAND DICTIONNAIRE DES PRETIEVSES

OV LA CLEF DE LA Langue des Ruelles.

SECONDE EDITION

Reueuë, corrigée, & augmentée de quantité de mots.

A PARIS,

Chez IEAN RIBOV, sur le Quay des Augustins, a l'Image S. Louis.

M. DC. LX.

AVEC PRIVILEGE DV ROY.

PREFACE.

CE seroit me faire
vne injustice, de
vouloir que ie me
rendisse garand du Dictionnaire des Pretieuses, ce n'est
pas mon ouurage, & bien
que i'aye fait vn corps des
parties qui le composent, ie
n'en attends pourtant point
d'autre auantage que celuy
de diuertir le Lecteur, par
l'extrauagance des mots que

PREFACE.

i'ay recueillis, & dont elles font les Inuentriſſes. Cependant comme le fonds des Pretieuſes eſt inépuiſable, les Miniſtres de leur Empire ayant ſçeu que ie trauaillois au bien de leur Republique, & que ie rendois leur Langue celebre à toute la terre par ce Dictionnaire ; ont pris ſoin de m'enuoyer des memoires vtiles à ce deſſein ; *Qui me* ſont venuès de tant d'endrois & en ſi grand nombre ; que ie me vois contraint d'adjoûter vn Second Di-

PREFACE.

ctionnaire, à ce premier
que ie promets dans peu de
iours. Les matieres de ce Second feront differentes de cel-
les-cy, & les Pretieuſes Veritables y auront part, auſsi
bien que les Ridicules, (en
attendant il eſt bon d'auertir,
que les Ridicules, ſe debitent
en Vers pour diuertir les Veritables,) que ie prie de prendre ce diuertiſſement, durant
que ie mettray cette autre
partie en eſtat de paroiſtre.
Là, elles pouront ſatisfaire
tout ce que la curioſité peut

PREFACE.

exiger sur le chapitre des Pretieuses ; Car ce nouueau Dictionnaire contiendra leur
Histoire, leur Poëtique, leur
Cosmographie, leur Chrono-
logie, on y verra deplus toutes les predictions Astrologi-
ques qui concernent leurs
Estats & Empires, l'on y
cõnoistra aussi ce que c'est que
Pretieuses & leurs mœurs. Il
y aura de plus vn Sommaire
de leur Origine, Progrés,
Guerres, Conquestes, & Vi-
ctoires &c. Auec vn dénom-
bremēt des villes plus remar-

quables, & des Princesses du Royaume des Pretieuses, comme aussi des autres personnes Illustres de ce païs, ensemble les Esloges de ceux & celles qui ont excellé en quelque chose. Outre cela vn Traité des Heresies qui s'y sont glissées; ensemble la Description de tous leurs Estats, Empires, Villes, Prouinces, Isles, Mers, Fleuues, Fontaines & leurs Geographie tant antienne que moderne. Peut-estre que ce dessein paroistra assez ample pour fai-

EPISTRE.

re craindre la fatigue d'vne longue & ennuyeuse lecture ; mais ie leur fais icy plus de peur que de mal, & ie redui-ray cet Ouurage en assez petit volume pour seruir de diuertissement à ceux qui aprehendent le plus les grandes lectures, outre que la diuersité des choses qui y seront r'enfermées sera assez plaisante d'elle-mesme pour se faire soufrir, quand elle seroit dépourueuë de tous les agremens que ie tascheray d'y r'enfermer.

PRIVILEGE
du Roy.

LOVIS par la grace de Dieu, Roy de France & de Nauarre, A nos amez & feaux Conseillers les Gens tenans nos Cours de Parlement, Preuost de Paris ou son Lieutenant, & à tous autres nos Officiers qu'il appartiendra. Salut nostre bien amé Anthoine Baudeau Sieur de Somaise nous a fait remontrer qu'il a côposé vn *Dictionnaire des Pretieuses*, qu'il desireroit faire imprimer & mettre en public, s'il nous plaisoit luy vouloir permettre ; Et par ce que d'autres personnes

pouroient auſſi faire imprimer ledit Dictionnaire ſans ſon conſen-
tement, & par ce moyen le fru-
ſtrer de ſon trauail & des frais qui
luy conuient faire à ſon prejudi-
ce, il nous a fait ſupplier luy vouloir ſur ce pouruoir de nos Let-
tres neceſſaires. A CES CAVSES
deſirant fauorablement traitter
l'expoſant. Nous luy auons permis & permettons par ces Pre-
ſentes de le faire imprimer, ven-
dre & diſtribuer en tels volumes
& caracteres que bon luy ſemble-
ra, pendant le temps de cinq années; faiſant cependant inhibi-
tions & deffences à tous Impri-
meurs, Libraires & autres perſonnes que ce ſoit, de faire imprimer,
vēdre & diſtribuer ledit Dictionnaire ſous pretexte d'augmenta-
tion, ny meſme ſe ſeruir des mots

contenus en iceluy , fans le con-
fentement dudit expofant , ou
ceux qui auront droict de luy , à
peine de quinze cens liures d'a-
mende , moitié appliquable au
Grand Hofpital, & l'autre à fon
profit,à la charge de mettre deux
exemplaires defdites Oeuures en
noftre Biblioteque publique,vne
autre en celle de noftre Louure
& vne en celle de noftre tres-
cher & feal Cheualier & Com-
mandeur de nos Ordres le fieur
Seguier Chancellier de France.
Si vous mandons & ordonnons à
chacun de vous regiftrer ces Prefentes,& de leur contenu iouïr &
vfer ledit expofant plainement &
paifiblement : Et au premier noftre Huiffier ou Sergent faire
pour l'execution des Prefentes
tous Exploits requis & neceffai-

res, sans demander autre congé
ny permission CAR tel est nostre
plaisir; Donné à Paris le troisies-
me iour de Mars l'an de grace mil
six cens soixante. Et de nostre regne le dix-septiesme. Par le Roy
en son Conseil. COVPEAV.

*Ledit Sieur de Somaise a cedé &
transporté son Priuilege à Iean Ribou
Marchand Libraire à Paris, selon l'accord fait entr'eux.*

Et ledit sieur Ribou a associé à son Priuilege
Estienne Loyson, aussi Marchand Libraire,
pour en iouyr ensemble selon l'accord fait
entr'eux.

*Achevé d'imprimer pour la seconde fois
le 02. Octobre 1660.*

DICTIONNAIRE

DES

PRETIEVSES.

A

Et homme là, n'est
pas Ajusté
Cet homme là,
est necessiteux d'Agre-
ment.
S'ayez vous s'il vous plaist.
A

A

Contentez s'il vous plaist, l'en-
uie que ce siege a de vous embrasser.

Ie n'ay iamais veu personne
qui s'ajusta mieux que vous.

Ie n'ay iamais veu personne qui
porta plus haut que vous, l'elegan-
ce de l'ajustement.

I'ayme beaucoup les gens
d'Esprit.

I'ay vn furieux Tendre pour
les gens d'esprit.

Acheuez vostre discours.

Rendez vostre discours complet.

L'amour a bien attendry
mon cœur.

L'amour a terriblement deffri-
ché mon cœur.

A

S'ayez-vous Monsieur, ſi vous plaiſt.

Prenez figure Monſieur, ſi vous plaiſt.

Vn homme d'Affaire.

Vn Inquiet.

Vous me teſmoignez vne grande affection.

Vous m'encendrez & m'encapucinez le cœur.

L'Almanach.

Le memoire de l'auenir.

Les Aſtres.

Les Peres de la fortune, & des inclinations.

Vous auez l'Ame materielle.

A

Vous auez la forme enfoncée dans la matierre.

L'Amitié qu'il a pour vous commance trop tard.

Il a pour vous vne amitié induë.

Ce mot a encore vne autre signification , & l'on dit aussi auoir de l'amitié pour des gens qui ne le meritent pas.

Auoir vne amitié induë.

B

CETTE odeur eſt tout à fait Bonne.

Cette odeur eſt tout à fait de qualité.

Eſtre Belle,

Eſtre dans ſon bel aymable.

Le Boire.

Le cher neceſſaire.

I'ay Balancé cinq ou ſix fois auant que de faire cela.

Il m'eſt monté cinq ou ſix in-certitudes à la gorge auant que de faire cela.

B

La plufpart de celles qui vous voyent font moins Belles que vous.

La plufpart de celles qui vous voyent vous feruent de mouches.

Vous auez la Bouche belle.

*Vous auez la Bouche bien fa-
çonnée.*

Auoir peu de Bien.

Eftre de la petite Portion.

Cette perfonne connoift bien toutes les belles chofes.

Cette perfonne connoift bien la force des mots, & le friand du gouft.

Ah! ma chere, ie n'ay rien veu de Beau aujourd'huy.

B

*Quelle pauureté ma Chere,
ie n'ay pas veu vne chose rai-
sonnable aujourd'huy.*

Le Balet à Balayer.
L'instrument de la Propreté.

La Boutique d'vn Li-
braire.
*Le semetierre des viuans &
des morts.*

C

CE s gens là ne font pas les Choſes comme il faut.

Ces gens là ont vn procedé tout à fait irregulier.

Les Choſes que vous dites ſont fort communes.

Les choſes que vous dites ſont du dernier Bourgeois.

Il faut auoüer que vous dites les choſes comme il faut.

Il faut auoüer que vous donnez dans le vray de la Choſe.

C

N'auoir point de Canons.

Auoir la jambe toute vnie.

Ils n'ont point de Conuersation.

Ils sont secs de conuersation.

Crotter ses souliers.

Imprimer ses souliers en boüe.

Nous ne sçaurions respondre à la douceur de vostre Compliment.

Nous ne sçaurions donner de nostre serieux dans le doux de vostre flatterie.

La Chaise empesche que l'on ne se crotte.

C

La Chaiſe eſt vn admirable retranchement contre les inſultes de la bouë et du mauuais temps.

Laquais mouchez la chandelle.

Inutille oſtez le ſuperflus de cet ardent.

Le Cerueau.

Le ſublime.

Des Porteurs de Chaiſe.

Des Mulets Baptiſez.

Ie me ſuis mis en colere contre Madmoiſelle vne telle.

I'ay pouſſé le dernier rude contre Madmoiſelle vne telle.

Vous eſtes tantoſt bien, & tantoſt mal Coiffée.

C

L'œconomie de voſtre teſte eſt tantoſt bien , & tantoſt mal gardée.

Des Coiffes Noires.
Des Tenebres.

Ne vous mettez pas en colere contre moy.

N'excitez pas voſtre fier contre moy.

La Chandelle.
Le ſupplement du Soleil, ou l'ardent.

Le Compliment.
Le paquet ſerieux.

Vous auez des Connoiſſances ; mais bien Confuſes.
Vous auez des lumieres eſloignées.

C

Vous chantez tout à fait bien.

Vous articulez tout à fait bien voſtre voix.

Eſtre en Couche.

Sentir les contrecoups de l'amour permis.

Vn Caroſſe.

L'aſſemblage de quatre Corniches.

Des Cheuaux.

Des Pluches.

Eſtre en colere contre quelqu'vn.

Auoir du fier contre quelqu'vn.

Le

C

Le moucheron de la Chandelle.

Le superflus de l'ardant.

La chaise percée.
La soucouppe inferieure.

Le Cul.
Le rusé inferieur.

Vostre Chien fait son ordure.

Vostre chien s'ouure furieusement.

Ma suiuante allez querir mon esuantail dans mon Cabinet.

B

C

Ma commune allez querir mon Zephir dans mon Pre-
tieux.

La terrible chofe de voir vn Chien qui piffe.
La terrible chofe de voir un Chien nû.

Vne Compagnie fans ordre.
Vn peuple de frange.

Les Cheueux.
La petite oye de la tefte.

Le Chandellier.

C

Le soûtient de la lumierre, ou
la commodité de l'ardent.

Vn Coffre.
Vn bouge portatif.

La Craimilliere.
La grimaciere commode.

Le Chapeau.
L'affronteur des temps.

Les Chenets.
Les bras de Vulcan.

La Chemise.
La Compagne perpetuelle des
morts & des viuans.

B ij

C

Les Cannes remplies de rubans , dont on se sert depuis
peu.
Les filles de la mode & de la
galanterie.

La Commette.
L'interprete du couroux des
Dieux.

Le Ciel.
Le muable.

Conceuoir mal les Choses.
Auoir l'intelligence espaisse.

Les Canons de linge.

C

*L'ajustement bizare & in-
commode.*

Le Cours.
*L'empire des œillades, ou
l'escueil des libertez.*

Aller au Cours.
*Aller à l'escueil de libertez,
ou à l'empire des œillades.*

La Comedie.
*Le meslange des vices & des
vertus.*

La Cheminée.
*Le siege de Vulcan, ou l'em-
pire de Vulcan.*

D

IL Dancebien.
Il dance proprement.

Vous Dites de belles cho-
ses.
*Vous faites despence en beaux
discours.*

Les Dents.
L'ameublement de bouche.

D

Eſtre en humeur de Dire de belles choſes.

Eſtre ſur ſon grand fecond.

Nous allons diſner.

Nous allons prendre les neceſſi-tez meridionnalles , ou nous al-lons donner à Nature ſon tribut accouſtumé.

Demeurez auec moy.

Ne vous eſloignez pas de la portée de ma voix.

Demeſler les cheueux.

Deſlabirinther les cheueux.

D

Ie ne me suis point diuertie
iufques icy.

I'ay efté iufques icy dans
vn ieûne effroyable de diuer-
tiffement.

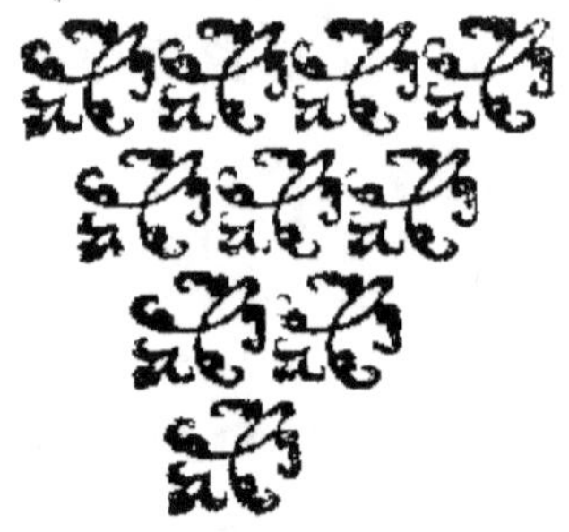

E

IE n'ay pas l'esprit de respondre à ce compliment.
*Ie n'ay pas dequoy fournir à ce
compliment.*

Estre enjoüé.
Estre vn Amilcar.

Ceux qui ont leu la Clelie,
sçauent pour quelle raison l'on
appelle vn homme enjoüé vn
Amilcar.

E

Il faut encore vn fauteüil.

Il faut le surcroist d'vn fau-
teüil.

Vn Esuentail.
Vn Zephir.

Vn verre d'Eau.
Vn bain interieur.

Ie voudrois bien auoir des
Espingles.

Ie voudrois bien auoir des
sensuës.

Madmoiselle vne telle a
beaucoup d'Esprit.

E

Madmoiselle vne telle eſt vn extraict de l'eſprit humain.

Auoir beaucoup d'eſprit.

Auoir dix mil liures de rente en fonds d'eſprit, qu'aucun crean‑tier ne peut ſaiſir ny arreſter.

N'auoir point d'Eſprit.

Auoir l'ame bien demeurée.

Auoir de l'Eſprit & n'en auoir pas la clef.

Auoir vn œuf caché ſous la cendre.

Eſtre eſtimé.

E

Faire figure dans le monde.

Que ie serois heureux sans voſtre eſloignement.

Que ie ſerois heureux ſans vo-
ſtre quitterie.

L'Eſco.

L'inuiſible ſolitaire , ou le
conſolateur des amants , ou l'en-
tretien de ceux qui n'en ont point.

L'Eau.

L'element liquide.

Faites que vos actions mar-
quent de l'Eſprit.

Rendez

E

Rendez voſtre ſenſible ſpiri-
tuel.

L'Eſcran.

La contenance vtille des Da-
mes, quand elles ſont deuant l'e-
lement combuſtible.

C

F

CEs perſonnes là ne ſonr
point Friꝫées.

*Ces perſonnes là ont la teſte ir-
reguliere en cheueux.*

Vous nous flattez par vos
ciuilitez.

*Vous pouſſez vos ciuilitez
iuſqu'aux derniers confins de la
flatterie.*

De grace ſoufflez ce feu.

F

De grace excitez cet element combustible.

Cette Femme est ieune.
Cette femme a des absences de raison.

Vous faites les choses tout à fait bien.
Vous faites les choses juste ay-mablement.

Les Fauteüils,
Les Throsnes de la Ruelle.

Se Farder.
Lustrer son visage.

F

Conter Fleurettes.
Pousser le dernier doux.

Vne Feneſtre.
La porte du iour.

Les Femmes.
Les ſujets de la belle conuer-
ſation , ou l'agrement des ſocie-
teʒ, la politeſſe du langage, &
les diuinitez viſibles.

L'on ne peut nier juſte-
ment que les femmes, n'ayent
pas toutes ces qualitez ; puis
qu'il eſt certain que ſans elles,
les conuerſations ſont ſans

F

agrement , les focietez fans
plaifir , que c'eft chez elles
que l'on apprend la delicateffe
du langage , & en vn mot
qu'elles font les Diuinitez de
la Terre , puis que les hommes les adorent.

Vne vieille Fille & qui a
de l'efprit.
Vne Pretieufe veritable.

Vne Fille Coquette & qui
veut paffer pour vn bel Ef-
efprit.
Vne Pretieufe Ridicule.

C iij

F

Vne Forest.
Vn agrement rustique.

La Fortune.
La Deesse des Courtisans.

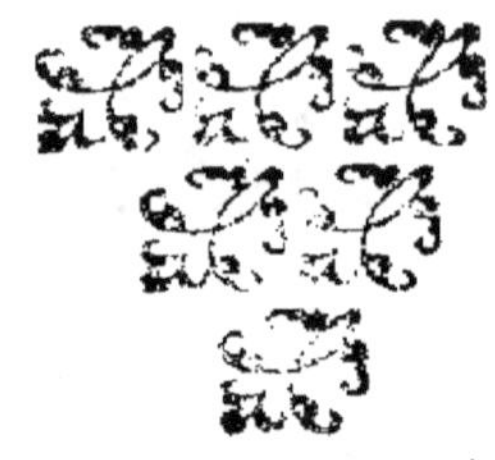

G

ILs ne ſçauent pas du tout
le Galanterie.

Ils *ſont tout à fait incongrus
en Galanterie.*

Vous allez ſurpaſſer tout ce
qu'il y a de plus Galand dans
Paris.

*Vous allez faire pic repic &
capot tout ce qu'il y a de plus
Galand dans Paris.*

G

Ie vous ay vne Grande obligation.

*Ie vous ay la derniere obli-
gation.*

Il faut prendre garde que
dans la langue Pretieuse , le
mot de derniere a plusieurs
significations , comme vous
allez voir dans les exemples
que ie vous en vais donner. Il
signifie tantoft grande , comme l'on voit dans cette phra-
fe. *Ie vous ay la derniere obligation ,* pour dire ie vous ay
vne grande obligation. Tan-

G

toſt il ſignifie tout à fait, comme l’on peut voir par cet exem-
ple. *Cela eſt du dernier Galand.* Pour dire cela eſt tout
à fait Galand. Et enfin il ſignifie premiere , c’eſt pourquoy l’on doit remarquer que
les Pretieuſes diſent , *la derniere Beauté* , pour ſignifier
la premiere.

I’ay crû que cet aduis eſtoit
neceſſaire , puiſque ce mot a
iuſques icy embaraſſé plu-
ſieurs perſonnes. Quelques
vns tiennent que c’eſt vn des

G

plus antiens mots de la Langue Pretieuses, quoy qu'il y en ait beaucoup d'autres qui luy disputent.

Ma Garniture vient-elle bien à mon habit.

Ma petite oye est-elle congruante à mon habit.

Vous dites bien des grands mots.

Vous dites bien des mots à longue queuë.

Vn Gand couppé.
Vn Gand du dernier fendu.

G

Des Galands.
Des Alcouistes.

Estre Galante.
Estre de la petite vertu.

Vous lisez Grauement.
Vous lisez à pleine bouche.

On doit craindre la Gros-
sesse.
On doit craindre le mal d'a-
mour permis.

Les Gueridons.
La petite oye du Pretieux.

G

Nous auons expliqué cy-
deuant ce que c'eſt qu'vn Pretieux.

La Guerre.
*La fille du Caos ; ou la mere
du deſordre.*

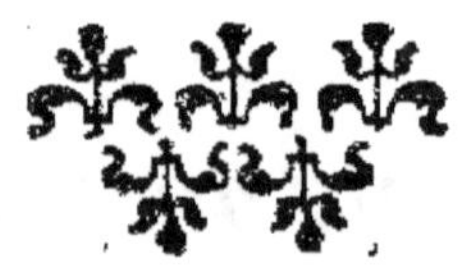

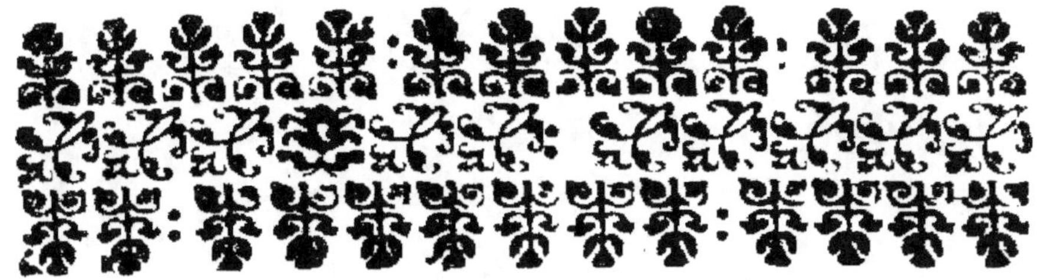

H

IL y a deux heures que nous sommes icy.

Le temps de quatre postes s'est desja passé depuis que nous sommes icy.

S'expliquer sans Heziter.
S'expliquer sans incertitudes.

Vous estes tout à fait bien Habillée.

D

H

Vous estes tout à fait bien sous les armes.

On Heurte à la porte.
On fait parler le muët.

Le Heurtoir.
Le muët.

On soubçonne cette fem-me là, d'estre Harmaphrodite.
On soubçonne cette femme là, d'estre doublée.

I

LEs choſes que vous m'a-
uez dites, me donnent
vne Idée Ridicule.

*Les choſes que vous m'a-
uez dites, me font vne viſion
ridicule.*

La Iuppe de deſſus.
La Modeſte.

La ſeconde Iuppe.
La friponne.

I

La Iuppe de deſſous.
La ſecrette.

Vn Iuſteaucorps.
Vn Suedois.

Les Iouës.
Les Throſnes de la pudeur.

L'on nomme les Iouës les Throſnes de la pudeur, par ce que la pudeur rougiſt cette partie du viſage , comme la crainte en rougiſt le haut , la Colere les extremitez, & ainſi des autres paſſions, & celle-cy eſtant plus ordinaire au ſexe qui rougiſt ſouuent d'enten-

I

dre dire ou de voir faire les choses qui luy plaisent le plus, on appelle les jouës les Throsnes de la pudeur, parce qu'elle y regne auec empire.

Les Iensenistes.
Les Courtisans Zelez de la grace, ou les Partisans de l'eficacité de la grace.

La Ialousie.
La Mere des soubçons ou la perturbatrice du repos des Amants.

La Ioye.
L'indiscrette.

D iij

I

On luy donne ce nom par
ce que dans l'eſpanoüiſſement
qu'elle cauſe ; on ne peut rien
cacher & qu'elle deſcouure
meſme, ce qui doit eſtre le plus
ſecret.

K

LEs Pretieuſes ; qui ne veulent pas, que l'on connoiſſe rien à leurs K , l'ont oſté de leur alphabet.

L

VN Laquais.
*Vn neceſſaire, ou vn fi-
delle.*

Voſtre complaiſance fait
que vous nous Loüez de la
ſorte.

*Voſtre complaiſance vous fait
pouſſer ainſi la Liberalité de vos
Loüanges.*

Vn Lauement.

L

Vn Agrement, ou le boüillon des deux sœurs.

Le Lit.
Le vieil Resueur, ou l'Empire de Morphée.

La Lune.
Le flambeau du silence, ou de la Nuict.

Les Larmes.
Les Perles d'Iris, ou les filles de la douleur, & de la joye.

Les Liures.

L

Les occupations des beaux Es-prits, ou les Maistres muets.

L'ongle.
Le plaisir innocent de la chair.

La Langue.
L'interprete de l'ame, ou la friponne.

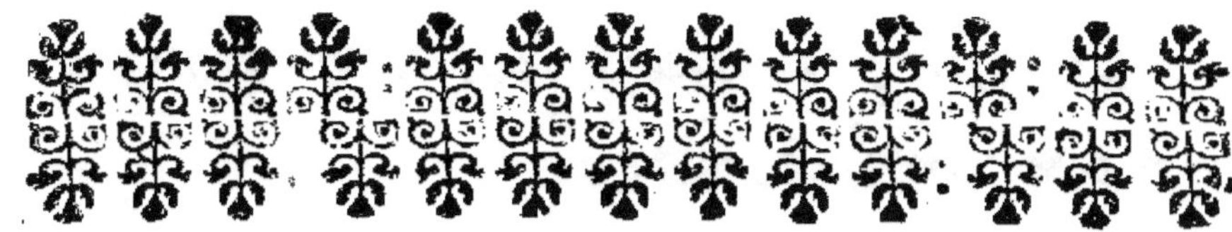

M

IL ne ſçay pas du tout la maniere de faire les choſes.

Il ne ſçait pas du tout le bel air des choſes.

Le Miroir.

Le Conſeiller des graces, ou le peintre de la derniere fidelité, le finge de la Nature, le Cameleon.

Ie n'ay. iamais ſenty vne Meilleure odeur.

M

*Ie n'ay iamais respiré d'odeur
mieux conditionnée.*

Des Mouches.
Des tasches aduantageuses.

Vn Medecin.
Vn Bastard d'Hypocrate.

Vne Maison.
Vne garde necessaire.

Se Marier.
Donner dans l'amour permis.

Vne belle Main.
Vne belle mouuante.

M

Sans Mentir, vous m'esti-
mez trop.

Sans mentir, ie suis trop a-
uant dans le rang fauory de vo-
stre pensée.

Vous estes vne grande men-
teuze.

Vous estes vne grande dizeu-
se de pas vray.

Vn Masque.
Le Rempart du beau teint, ou
l'instrument de la curiosité.

La Mort.
La toute puissante.

E

M

Eſtre Melancolique & cha-
grin.
Auoir l'ame ſombre.

La Mode.
L'Idole de la Cour.

La Muſique.
Le Paradis des oreilles.

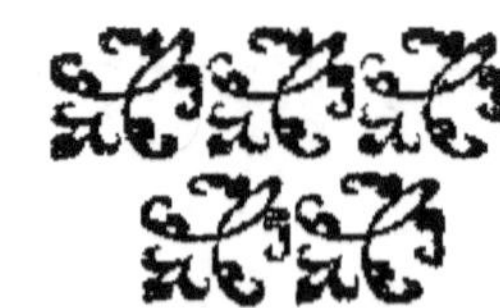

N

V N Nauire.
Vne Maison flotante &
aiflée.

Nager.
Vifiter les Nayades.

La Nuict.
La Deeffe des ombres, ou la
mere du filence.

Les Nautonniers.

N

Les sujets de Nuptune.

Le Nez.

La Porte du Cerueau, ou les escluses du Cerueau.

O

ON obtient rien de vous.
*Vous estes d'vne vertu
seuere.*

On obtient tout de Mad-
moiselle vne telle.
*Madmoiselle vne telle, est
d'vne vertu commode.*

Les ombres qui se font durant le iour.
Les filles du Soleil.

O

Les Ombres, nocturnes.
Les complices innocentes des crimes.

Par ce mot d'ombre l'on ne veut pas dire les fantosmes; mais les voilles de la nuict.

Les Oreilles.
Les Portes de l'entende-ment.

Les Oignons.
Les Dieux des Egyptiens.

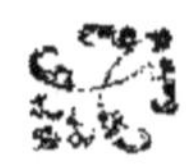

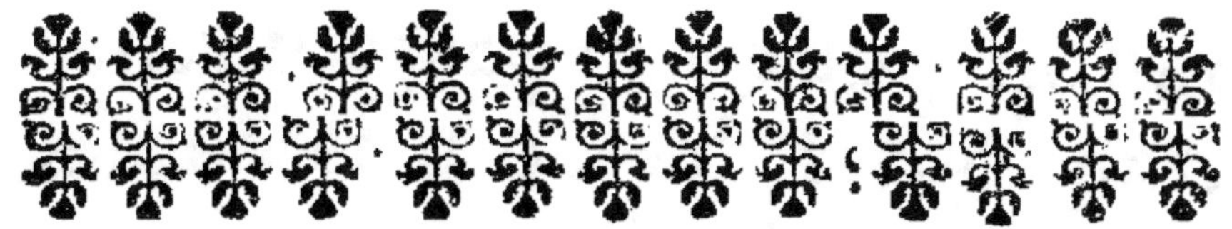

P

CE s Perſonnes là n'ont
point cet air qui plaiſt.

*Ces perſonnes là n'ont point
cet air qui donne d'abord bonne opi-
nion des gens.*

N'auoir point de plumes à
ſon chappeau.

*Auoir ſon chappeau deſarmé
de plumes.*

Il faudroit n'auoir point de

P

raiſon pour ne pas confeſſer
que toutes les bonnes choſes
abondent dans Paris.

*Il faudroit eſtre lantipode de la
raiſon pour ne pas confeſſer que Paris eſt le grand bureau des merueil-
les, & le centre du bon gouſt.*

Peupler vn Bal.
*Remplir la ſolitude d'vn Bal,
ou remplir ſes vuides.*

Des Perles.
Des Graces.

Vn Poulet.
Vn innocent.

P

Les Pieds.
Les Chers souffrans.

Vne Pretieuse.
Vne illuſtre.

Les Pretieuſes voyant que chacun commençoit à ſe di-uertir à leurs deſpens, que l'on les joüoit en public, & que par ce moyen elles eſtoient tantoſt connuës dans toute l'Europe par vne inuention digne de leur Eſprit, ont changé leur nom de Pretieuſes en celuy d'Illuſtres.

P

Le Pain.
Le fouftien de la vie.

Le pot de Chambre.
L'urinal Virginal.

De grace oftez-moy ces Parauans.
De grace defliurez-moy de ces traiftres.

Vne porte.
Vne fidelle gardienne.

Vous dites bien des Paroles fuperfluës.
Vous dites bien des inutilitez.

P

Il Pleut.
Le troisiéme Element tombe.

Le superficie des Pauez.
Leminence des grés.

Estre pressé.
Ne pouuoir reigler aucune posture.

I'ay bien passé l'appresdinée auec Madmoiselle vne telle.
I'ay eu plusieurs conuersations auec Madmoiselle vne telle.

Apportez moy vn peigne que ie desmesle mes cheueux.

P

Apportez-moy vne dedalle que ie delabirinthe mes cheueux.

I'auouë que ce portraict eſt tout à fait beau.
I'auouë que ce charmant inſenſible eſt furieuſement beau.

Le Papier.
L'interprete muet des cœurs ou l'effronté qui ne rougiſt point.

La Poëſie.
Les filles des Dieux.

Le Poevre.
Le ſubtil.

Ie

P

Ie trouue que cette penſée
eſt belle.

Selon moy cette penſée eſt belle.

Quelques-vns tiennent que
ce mot n'eſt que demy Pretieux.

Vn Poëte.
Vn nourriſſon des Muſes.

Les Poiſſons.
*Les Habitans du Royaume de
Neptune.*

Paris.
Le centre de la belle galanterie.

F

P

La Perruque.

La jeuneſſe des vieillards, ou la trompeuſe aparence.

La Paix.

L'Idolle des peuples, ou le ſimbole de la joye ; La nourriſſe des vertus.

Le Parnaſſe.

L'empire ou tout le monde eſt maiſtre.

Le Procez.

La ſource des chagrins.

Le Pont-Neuf.

Les Alpes de Paris, ou le païs des Bandis François.

P

Auoir vne Perruque.

Auoir des cheueux luſtrez.

Auoir la bouche Petite.

Auoir la bouche bien bornée.

Vous Parlez vn peu trop lentement.

Il ſemble qu'en parlant vous ayez les gouttes à l'eſprit.

Vous prenez garde à toutes ſortes de choſes & vous les cenſurez.

Vous eſtes vn mouchar de vie & de mœurs.

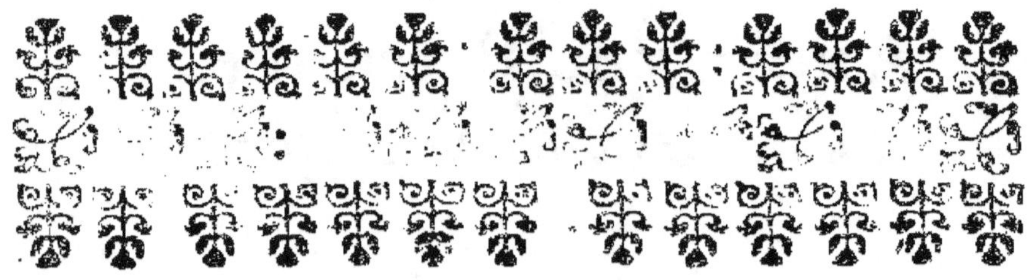

Q

LE Quadran.

L'immobile qui marche toufiours, ou bien l'on dit encore le memoire des heures & la memoire du iour.

R

LEVRS habits n'ont pas
aſſez de Rubans.
Leurs habits ſouffrent indigence de Rubans.

Rire
Perdre ſon ſerieux.

Railler.
Dauber ſerieuſement.

Auoir de la reputation.

R

*Fendre la presse & faire nombre
dans le monde.*

Ie suis grandement enrumé.
I'ay vn grand escoulement de
nez.

Ce mot là est tout à fait rude, & il n'y a pas moyen de le
prononcer.

*Ce mot est capable descorcher
en passant vn pauure gosier, ou
vn passage de gens de guerre
n'est pas plus rude à pauures gens;
il faut auoir humé l'air du Rhin
& respiré à l'Allemande pour le
prononcer ; il tient long-temps*

R

ſon homme à la gorge & ſans quel-
que fauorable hoquet il court riſque
de ne paſſer iamais.

Les Romans.

Les agreables menteurs ou la
folie des ſages.

Le mot de ſage a deux ſi-
gnifications differentes, parce
que les Romans s'appellent
folie au regard de deux ſortes
de perſonnes; à ſçauoir de ceux
qui les compoſent, qui pour
l'ordinaire ſont des hommes
illuſtres, & de ceux dont ils
tracent l'hiſtoire ſous des cou-

R

leurs eſclattantes, & qui tiennent quelque choſe de la fable, qui ſont auſſi pour la pluſpart des perſonnes extraordinaires qu'ils font agir d'vne façon bizarre, & à qui ils font faire des foles pour donner quelques agremens à la grandeur de leurs actions ſerieuſes dont ils tracent les tableaux.

Cela me fait Rire.
Cela excite en moy le naturel de l'homme.

Ces mots là ſont tout à fait rudes à l'oreille.

R

Vne oreille vn peu delicate pa-
tit furieusement d'entendre pronon-
cer ces mots là.

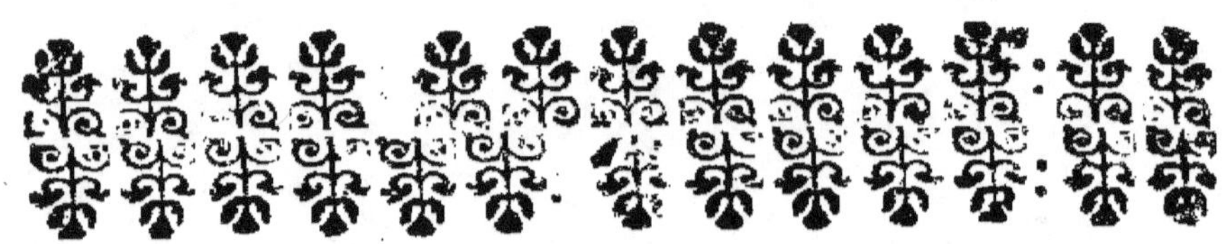

S

LEs Sieges.
Les commoditez de la
conuerſation.

Sentez vn peu ces gands là.
Attachez vn peu la reflexion de
voſtre odorat ſur ces gands là.

Voſtre Sortie me fera beaucoup patir.
le pâtiray beaucoup par le con-
trecoup de voſtre quittement.

S

Ie ſuis tout à fait ſurpriſe de
cela.

Ie ſuis ſi ſurpriſe de cela que
les bras m'en tombent.

Vne Suiuante.
Vne Commune.

Vn Sergent.
L'Ange du Chaſtelet ou le
mauuais ange des Criminels.

Le Soleil.
Le flambeau du iour , ou l'ai-
mable eſclairant.

Vn ſouflet à ſoufler le feu.

S

La petite maison d'Eolle.

Les Soûpirs.
Les enfans de l'air.

Le Sel.
L'assaisonnement necessaire.

Le Songe.
Le pere des Metamorphoses, ou l'enchanteur sans charmes, ou le second prothée ou l'interprete des Dieux.

On l'appelle l'interprete des Dieux, parce que souuent les Dieux nous expliquent leurs desseins

S
desseins durant le sommeil par
son moyen.

Le Secret.
Le Sçeau de l'amitié.

G

T

TOV**T** à fait,
Furieusement.

Espouuantablement, & terriblement ont aussi la mesme signification.

Furieusement dans la langue Pretieuse combat d'antiquité auec le mot de derniere dont nous auons parlé cy-deuant, mais sans examiner les

T

raiſons que l'on allegue, ie puis
dire que furieuſement ſe rencô-
tre plus ſouuent que derniere.
Et qu'il n'eſt point de Pretieuſe
qui ne le diſe plus de cent fois
par iour, & que ceux qui affe-
ctent le langage des Pretieuſes l'ont continuellement à la
bouche.

Il eſt de belle Taille.
Il a la taille tout à fait elegante.

I'ay le cœur plein de Troubles.
I'ay le cœur enfrangé de Mouue-
mens.

Les Termes choiſis.

T

Les termes de Cabinet.

Les Termes des Pretieuses.
Les termes des Ruelles.

Les termes vulgaires & grossiers.
Les termes de corps de garde.

Les Tableaux.
Les Diuinitez des curieux.

Les Tapisseries.
Les ornemens historiques.
Vne Table.
L'vniuerselle commodité.
Le Temps.
L'immortel , ou le pere des années.

T

Les Tetons.

Les couſſinets d'amour.

La Triſteſſe.

Le partage des vieillards, ou l'ennemie de la ſanté.

Vous auez la Teſte tout à fait belle.

Vous aueℤ les cheueux tout à fait bien planteℤ.

Que les baiſers d'vn mary touchent peu.

Que les baiſers d'vn mary ſont fades.

Voſtre Teſte n'eſt point friſée aujourd'huy.

Voſtre Teſte eſt toute vnie aujourd'huy.

G iij

L

LE procedé de ces Mef-fieurs eft tout à fait Vul-gaire.

Le procedé de ces Meffieurs eft tout à fait marchand.

Dites-moy fi vous plaift fi l'onpeut voir Madame.

Dites-moy fi vous plaift fi Mada-me eft en commodité d'eftre vifible.

Les Violons.
L'ame des pieds.

V

Le Vent n'a point defrizé vos cheueux.

L'inuiſible n'a point gaſté l'œconomie de voſtre teſte.

Qui eſt-ce qui vous vient ſouuent voir.

Qui preſide, qui eſt de quartier chez vous.

Madmoiſelle vne telle commance à Vieillir.

La neige du viſage de Madmoiſelle vne telle commance à ſe fondre.

Ces Vers là ſont tout à fait rudes.

V

Ces vers là sont tout à fait espais.

Donnez-moy si vous plaist vn Verre d'eau sans vin.
Donnez-moy si vous plaist vn verre d'eau tout vnie.

Cette viande est bien dure.
Cette viande n'est pas digerable.

Les Verres.
Les fils du vent & de l'argille.

Cela est vray.
Cela est constamment vray.

X

COmme il ne se trouue point de mots dans la langue Françoise qui commance par X, si ce n'est des noms de villes, les Pretieuses ne se sont pas encore cruës assez puissantes pour faire vn si grand bouleuersemét dans le Royaume, c'est pourquoy ils n'ont point voulu changer les noms des villes qui commance par X.

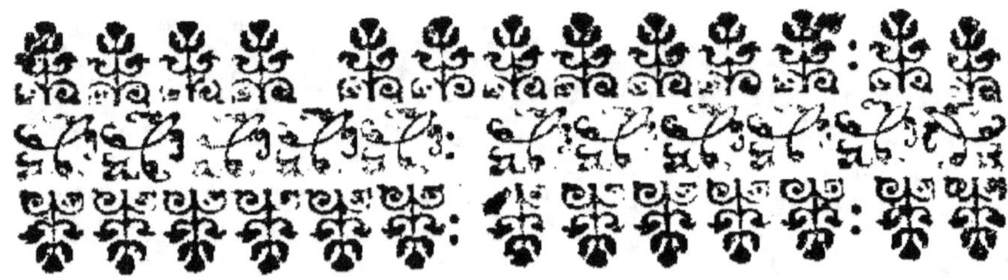

Y

L ES YEUX.
Les miroirs de l'ame.

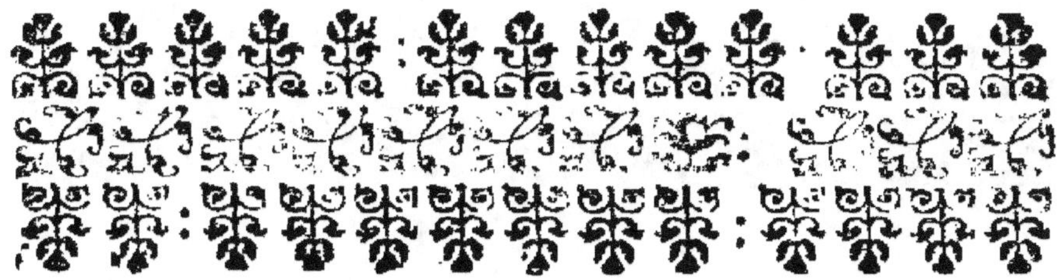

Z

LE Zephir.

L'amant des fleurs, parce qu'il les espanoüist; On l'appelle encore *le fauory des amans* , à cause que durant les chaleurs de l'Esté il seconde leurs desirs , ou du moins en fauorise l'ardeur , produisant cent petits hazards qui leurs descouurent ce que pour l'ordi-naire on leurs tient caché.

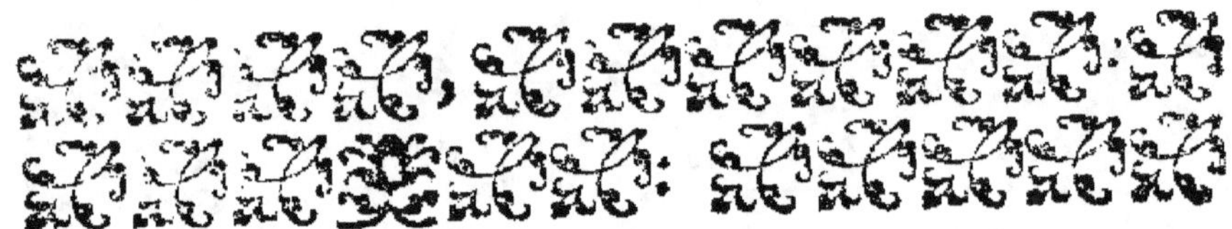

&

LEs Veritables Pretieuses
estant pour l'ordinaire
vieilles ne veulent point de
conjonction , c'est pourquoy
elles ont retranché l'& de leur
Alphabet.

F I N.

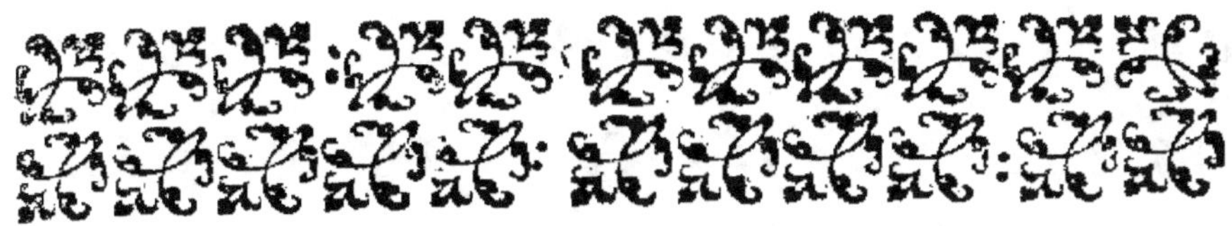

LE LIBRAIRE
au Lecteur.

ES applaudiſſemens
que l'on a donnez au
Dictionnaire des Pre-
tieuſes, & aux Pretieuſes en
vers, ont eſté ſi generaux, que
non ſeulement dans Paris,
mais encore dans la plus
grande partie des Villes de ce
Royaume, mes confreres ont
bien ozé les contrefaire, mal-

H

gré le priuilege qui m'en a esté
donné. C'est ce qui m'y a
fait adiouster plusieurs mots,
afin de vous aduertir que
les veritables Dictionnaires
des Pretieuses, & les Pretieuses en vers, se vendent
chez moy, & que ceux que
l'on a contrefaits sont rem-
plis de fautes, & mesme d'ef-
fectueux en beaucoup d'en-
droits. Ie prie aussi ceux qui
enuoyĕt si souuĕt à ma Boutique demander le second
Dictionnaire des Pretieuses
de se donner vn peu de pa-

tience , & de songer qu'il
faut, non seulement du temps
pour le faire , mais encor pour
imprimer vn Ouurage si grãd
& si mysterieux. Vous vous
estonnerez peut-estre pourquoy l'Autheur a retranché
quelques mots qui estoient
dans la premiere impression
de celuy-cy au mesme temps
qu'il y en adjouste d'autres ;
mais vous deuez estre rauis
d'apprendre que ce qu'il en a
osté est dans l'autre Dictionnaire que j'imprime, & que là
vous apprendrez par quelles

perſonnes ces mots ont eſté
faits, comment, & pourquoy.
Cependãt ſi vous cherchez à
vous diuertir, ie vous donne
aduis que ſi vous voulez
auoir le Cocu & la Cocuë
Imaginaire, vous ne les deuez pas chercher autre part
que chez moy ; puiſque ie ſuis
le ſeul qui ait imprimè ces
deux Pieces.

MOTS

PRETIEVX

NOVVELLEMENT

adiouftez à ce Dictionnaire.

D'Où vient que vous estes si salloppe, & que vous n'auez point de linge blanc ?

D'où vient que vous estes si sal-loppe, & que vous n'auez point de linge Dominical ?

Madmoiselle yne telle, est

allée aux lieux communs.

Madmoiselle vne telle est allée à la lucarne des Antipodes.

Tous ces Meſſieurs dont vous me parlez, ſont des Poëtes à la douzaine.

Tous ces Meſſieurs dont vous me parlez ſont des auortons du Parnaſſe.

Ah! ma chere, nous ne ſçaurions ſortir, tant le Soleil a de chaleur aujourd'huy.

Ah! ma chere, nous ne ſçaurions ſortir, tant le plus beau du monde eſt aujourd'huy perçant.

Donnez - moy ce couſteau ſi vous plaiſt.

Adminiſtrez-moy ſi vous plaiſt ce Couſteau.

Le Buſque.
Le garde Virginal.

Ie ne ſçay ce que i'ay , ie ne me porte pas bien.

Ie ne ſçay ce que i'ay , ie ſuis mal conditionné.

Ie viens de prendre tout à l'heure vne medecine.

Ie viens de prendre tout à l'heu-re vne Phiſique.

L'eternité.
La Deeſſe au grand œil tout voyant , ou la Reyne & Mar-

ſtreſſe des ans , des Siecles , & des aages.

Les ſoûpirs, craintes, ſoub-
çons, ialouſies , ſont appellez
tous enſemble en Pretieux.

La petite oye de l'amour.

L'amour.

Le Dieu de la propreté , de l'inuention & de la galanterie.

Le Deſtin.

Le Fauory des Poëtes , ou leur pis aller.

Le deſtin eſt tout à fait bien
nommé le fauory des Poëtes,

puis qu'il n'est rien de plus constant, que les Poëtes de ce Siecle l'aiment beaucoup , & qu'ils ne sçauroient faire vn Ouurage de cent vers, sans qu'il y soit placé sept où huict fois.

Leur pis aller est encore vn nom qui ne luy conuient pas mal, puis que dés lors qu'ils ne sçauent plus où ils en sont , ils se iettent aussi tost au collet du sort & du destin.

Cette femme est chaste.

Cette femme est vne vraye Peneloppe.

Cét homme est vn effeminé

Cét homme eſt vn vray Sarda-
napale.

Laquais apportez-moy viſte
les mouchettes?

Neceſſaire, adminiſtrez - moy
viſte l'ayde de l'element?

L'eſclair.
Le meſſager de la foudre.

Il me ſemble , Monſieur,
que vous auez des cheueux
gris?
Il me ſemble Monſieur, que vous
auez des quittances d'amour?

L'argent.

*Le tourment de l'auaritieux,
l'honneur du liberal.*

Vous estes vn veritable amy.
Vous estes vn Pilade.

La Dissimulation.
La vertu du Siecle.

L'Esperance.
*La mere des vanitez, ou la
mere des Credules.*

F IN.